Prantls Küche: Gemeinsam kochen und genießen

Ariane, Katharina, Irene und Barbara Prantl

PRANTLS KÜCHE

Gemeinsam kochen und genießen

Menüvorschläge für besondere Anlässe
und Rezepte für jeden Tag

ATHESIA VERLAG

INHALT

UNSER KOCHBUCH

Wir – die drei Schwestern Ariane, Barbara und Katharina sowie Mama Irene – sind begeisterte Hobbyköchinnen und Genussmenschen. Wir lieben es zu kochen, gut zu essen, Familie und Freunde einzuladen und anderen mit unseren Gerichten eine Freude zu machen.

In der Küche probieren wir Neues aus, experimentieren gerne, wandeln bekannte Rezepte ab und greifen auch auf altbewährte Familienrezepte zurück.

Dass wir jemals unser eigenes Kochbuch in den Händen halten würden, hätten wir nie für möglich gehalten, und es erfüllt uns mit großer Dankbarkeit und Freude, dass wir es zusammen schreiben durften.

In diesem Buch haben wir nicht nur unsere Lieblingsrezepte, begleitet von wunderschönen Bildern, festgehalten, sondern auch unsere Liebe zum Kochen. Wir möchten euch einladen, mit uns gemeinsam zu kochen und zu genießen. Ob gemütliche Familienessen oder fröhliche Treffen mit Freunden, hier findet ihr viele Ideen und Menüvorschläge. Die einzelnen Gerichte eignen sich jedoch auch sehr gut für den Alltag, zum Beispiel fürs Mittag- oder Abendessen.

Wir freuen uns, wenn wir euch mit unserer „Prantl-Küche“ dazu inspirieren können, Neues auszuprobieren, in der Küche aktiv zu werden und die Freude am Kochen zu entdecken.

STEHPARTY

Im ersten Kapitel stellen wir euch einige unserer Lieblingsrezepte für einen Aperitif, Umtrunk oder eine Stehparty vor. Viele Rezepte lassen sich ganz einfach vorbereiten.

BRUSCHETTA MIT AVOCADO-BASILIKUM-CREME UND GEGRILLTER GARNELE

LAKTOSEFREI

Für 15 Stück

Zutaten
15 Baguettescheiben
1 Avocado
10 g Basilikum (etwa 20 Blätter)
1 EL Zitronensaft
3 EL Olivenöl
15 Garnelen (Mazzancolle)
5 Cocktailtomaten,
in Stücke geschnitten
Chilisalz (siehe Seite 139)
Pflanzenöl
Salz, Pfeffer

Weiteres
Olivenöl

Die Brotscheiben mit Olivenöl beträufeln und im vorgeheizten Backofen bei 200 Grad Ober-/Unterhitze 5 Minuten hellbraun rösten.

Avocado halbieren, den Kern entfernen und das Fruchtfleisch aus der Schale heben. Zusammen mit Basilikum, Zitronensaft und Olivenöl mit dem Stabmixer pürieren und mit Salz und Pfeffer würzen.

Die Garnelen schälen und vom Darm befreien, in Pflanzenöl anbraten und mit Chilisalz würzen.

Die gerösteten Brotscheiben mit der Avocado-Basilikum-Creme bestreichen und mit einer Garnele sowie Tomatenstücken belegen.

TIPP

Als Weinbegleitung empfehlen wir den Merlot Rosé MERIS von der Kellerei St. Pauls.

TARTELETTES MIT TOPFENBLÄTTERTEIG

Für 20 Stück

Zutaten
250 g Butter
250 g Mehl
250 g Magertopfen (Magerquark)
1 TL Salz
1 Ei

Weiteres
5 EL Frischkäse
gegrillte Peperoni (Paprikaschoten)
Taleggio
gebratener Radicchio
Gorgonzola
blanchierter Broccoli
Sardellen

Butter in kleine Würfel schneiden und einfrieren. Mehl auf einem großen Holzbrett mit Salz vermischen, Butterwürfel dazugeben und alles mit einem Messer in 5–6 mm große Stücke hacken.

Magertopfen zufügen und alle Zutaten schnell zu einem Teig verarbeiten, damit die Butterstückchen in ihrer Struktur erhalten bleiben. Den Teig in Klarsichtfolie wickeln und mindestens 3 Stunden im Kühlschrank ruhen lassen.

Den Blätterteig auf einer bemehlten Arbeitsfläche etwas ausrollen. Die Oberfläche mit Mehl bestreuen, den Teig zusammenfalten und nochmals mit dem Nudelholz ausrollen. Diesen Vorgang weitere 4-mal wiederholen, dabei darauf achten, dass der Teig seine rechteckige Form behält. Zum Schluss den Teig 4 mm dick ausrollen.

Vom Teig 15 Streifen (1 cm breit) abschneiden und Kreise (Ø 8 cm) ausstechen. Auf ein mit Backpapier ausgelegtes Backblech legen. Das Ei verquirlen und die Ränder der Teigkreise damit bestreichen. Die Teigstreifen darumlegen. Ebenfalls mit Ei bestreichen.

In die Mitte eines jeden Kreises ½ Teelöffel Frischkäse geben. Mit gegrilltem Gemüse und Taleggio, gebratenem Radicchio und Gorgonzola bzw. blanchiertem Broccoli und Sardellen belegen.

Im vorgeheizten Backofen bei 200 Grad Ober-/Unterhitze auf der untersten Schiene etwa 18 Minuten backen.

TIPPS

Der selbst gemachte Topfenblätterteig eignet sich sehr gut für Gemüsestrudel oder süße Teilchen.

Dazu schmeckt der Jahrgangssekt PRAECLARUS Pas Dosé von der Kellerei St. Pauls.

KICHERERBSENSALAT

GLUTENFREI • LAKTOSEFREI • VEGAN

Kichererbsen in eine große Schüssel geben.

Salatgurke, Peperoni, Stangensellerie und Cocktailtomaten in kleine Würfel schneiden. Die Zwiebel fein schneiden und die Petersilie fein hacken.

Alles zu den Kichererbsen geben, Pinienkerne zufügen und gut vermengen. Mit Salz und Pfeffer würzen.

Zitronensaft, Senf und Olivenöl gut verrühren.

Über den Salat gießen und alles noch einmal gut vermischen.

Den Salat in Gläser füllen.

Für 8–10 Personen

Zutaten
500 g Kichererbsen, gekocht
1 Salatgurke
1 gelbe Peperoni (Paprikaschote)
2 Stangensellerie
300 g Cocktailtomaten
½ rote Zwiebel
3 EL Petersilie
45 g Pinienkerne, geröstet
Salz, Pfeffer

Weiteres
1 Zitrone, Saft
2 TL Senf
5 EL Olivenöl

SPARGELSALAT

GLUTENFREI

Für 15 Personen

Spargelsalat
15 weiße Spargelstangen
5 grüne Spargelstangen
1 TL Zucker
1 EL Zitronensaft
1 EL Butter
Salz
30 g Vogerlsalat (Feldsalat)
10 Cocktailtomaten, halbiert

Dressing
2 EL Olivenöl
1 EL Apfelessig
1 TL Senf
1 Prise Zucker
1 EL Schnittlauch, fein geschnitten
Salz, Pfeffer

Weiteres
1 hart gekochtes Ei
1 Essiggurke
1 EL Mayonnaise
1 EL Petersilie, fein gehackt
1 EL Schnittlauch, fein geschnitten
Salz, Pfeffer
15 Chicoréeblätter
15 Speckscheiben, dünn geschnitten

Weißen und grünen Spargel schälen, die holzigen Enden abschneiden und in 3 cm lange Stücke schneiden.

In einem Topf etwa 1½ Liter Wasser mit Zucker, Zitronensaft, Butter und Salz zum Kochen bringen. Spargel darin bissfest garen, abseihen und auskühlen lassen.

Zusammen mit Vogerlsalat und Tomaten in eine Schüssel geben.

Olivenöl, Apfelessig, Senf, Zucker, Schnittlauch, Salz und Pfeffer zu einem Dressing verrühren und beiseitestellen.

Ei und Essiggurke in kleine Würfel schneiden. Mit Mayonnaise, Petersilie und Schnittlauch vermischen und mit Salz und Pfeffer abschmecken.

Chicoréeblätter lauwarm abwaschen und gut trocken tupfen.

Den Spargelsalat mit dem Dressing vermischen und in die Chicoréeblätter füllen. Mit einer eingerollten Speckscheibe belegen und mit der Ei-Mayonnaise-Sauce garnieren.

TIPPS

Da der grüne Spargel eine kürzere Garzeit hat als der weiße, sollte man ihn etwa 2 Minuten nach diesem ins Kochwasser geben.

Das Dressing immer erst kurz vor dem Anrichten und Servieren über den Salat gießen, damit der Vogerlsalat nicht in sich zusammenfällt.

NUDELSALAT

VEGETARISCH

Nudeln nach Packungsanweisung in Salzwasser bissfest garen, abseihen, in eine große Schüssel geben und auskühlen lassen.

Peperoni und Zucchini in Würfel schneiden und in Olivenöl bissfest anbraten. Mit Salz und Pfeffer würzen.

Mozzarella in Würfel und die getrockneten Tomaten in Streifen schneiden. Cocktailtomaten vierteln. Zusammen mit den Oliven zu den Nudeln geben.

10 Basilikumblätter in Streifen schneiden und mit Olivenöl und Zitronensaft zu einem Dressing verrühren. Mit Salz und Pfeffer abschmecken.

Das Dressing über die Nudeln gießen und bei Bedarf nachwürzen.

Den Nudelsalat in Gläser füllen und mit den restlichen Basilikumblättern garnieren.

Für 12 Personen

Zutaten
300 g kurze Nudeln
(z. B. Penne)
1 Zucchini
1 gelbe Peperoni (Paprikaschote)
Olivenöl
Salz, Pfeffer
300 g Mozzarella
150 g getrocknete,
in Öl eingelegte Tomaten
200 g Cocktailtomaten
180 g Taggiasche-Oliven
50 g Kapern

Weiteres
22 Basilikumblätter
6 EL Olivenöl
1 Zitrone, Saft
Olivenöl
Salz, Pfeffer

BRESAOLA MIT KRÄUTERSAUCE AUF SCHÜTTELBROT

Schnittlauch, Petersilie und Knoblauch fein schneiden bzw. hacken.

Mit dem Frischkäse verrühren und mit Salz und Pfeffer würzen.

Auf jede Bresaola-Scheibe 1 Teelöffel Kräuterfrischkäse geben.

Bresaola-Scheiben zu einem Säckchen formen, mit einem Schnittlauchhalm verschließen und auf die Mini-Schüttelbrote legen.

Für 15 Stück

Zutaten
2 EL Schnittlauch
2 EL Petersilie
1 Knoblauchzehe
200 g Frischkäse
Salz, Pfeffer
15 Bresaola-Scheiben
15 Mini-Schüttelbrote

Weiteres
15 Schnittlauchhalme

SCHNELLE PARTYBRÖTCHEN

LAKTOSEFREI

Für 20 Brötchen

Zutaten
100 g Zwiebeln
100 g Bauchspeck
1 EL Pflanzenöl
25 g Hefe
320 ml lauwarmes Wasser
150 g Dinkelvollkornmehl
350 g Dinkelmehl
3 EL Olivenöl
1 TL Salz

Zwiebeln und Bauchspeck in kleine Würfel schneiden und in Pflanzenöl kurz anbraten. Herausnehmen und beiseitestellen.

Die Hefe im Wasser auflösen.

Beide Mehlsorten in eine Schüssel geben. Die aufgelöste Hefe, Salz, Olivenöl, Speck und Zwiebeln dazugeben und alles zu einem geschmeidigen Teig verkneten.

Den Teig zugedeckt so lange gehen lassen, bis sich das Volumen verdoppelt hat.

Den Teig auf eine leicht bemehlte Arbeitsfläche geben, zu einer Rolle formen und in 40 g schwere Stücke teilen.

Die Teiglinge zu Kugeln formen und auf ein mit Backpapier ausgelegtes Backblech setzen.

Zugedeckt noch einmal 30 Minuten gehen lassen und im vorgeheizten Backofen bei 180 Grad Umluft 20 Minuten backen.

TIPPS

Aus dem Teig kann man auch Kräuterbrötchen backen. Dazu wird die Speck-Zwiebel-Mischung durch 4 Esslöffel Kräuter (Rosmarin, Salbei und Thymian) ersetzt.

Für Tomatenbrötchen werden 100 g getrocknete, in Öl eingelegte Tomaten klein geschnitten und unter den Teig geknetet.

FRUCHTIG-PIKANTER PEPERONIAUFSTRICH

GLUTENFREI • LAKTOSEFREI • VEGAN

Zutaten
2 rote Peperoni (Paprikaschoten)
50 g Sonnenblumenkerne
50 g getrocknete, in Öl eingelegte Tomaten
½ TL Paprikapulver
Chilisalz (siehe Seite 139)

Peperoni halbieren, die Kerne entfernen und mit der Hautseite auf ein mit Backpapier ausgelegtes Backblech legen. Im auf 220 Grad Oberhitze vorgeheizten Backofen etwa 20 Minuten garen, bis die Haut dunkel wird und Blasen wirft.

Sonnenblumenkerne in einer Pfanne ohne Fett rösten.

Die Haut von den Peperoni abziehen und das Fruchtfleisch zusammen mit Sonnenblumenkernen, getrockneten Tomaten und Paprikapulver in der Küchenmaschine cremig pürieren.

Mit Chilisalz und Salz abschmecken.

KRÄUTERAUFSTRICH

GLUTENFREI • VEGETARISCH

Zutaten
2 EL Petersilie
2 EL Schnittlauch
1 EL Thymian
1 Knoblauchzehe
100 g Ricotta
100 g Frischkäse
Salz, Pfeffer

Petersilie, Schnittlauch, Thymian und Knoblauch fein hacken bzw. fein schneiden.

Zusammen mit Ricotta und Frischkäse in eine Schüssel geben und gut verrühren.

Mit Salz und Pfeffer würzen.

ROHNENAUFSTRICH

GLUTENFREI • VEGETARISCH

Zutaten
200 g Rohnen (Rote Bete), gekocht
100 g Feta
100 g Frischkäse
4 EL Olivenöl
2 EL Zitronensaft
Salz, Pfeffer

Rohnen schälen und mit Feta, Frischkäse, Olivenöl und Zitronensaft im Mixer fein pürieren.

Mit Salz und Pfeffer würzen.

JOGHURTMOUSSE MIT ERDBEERSPIEGEL

GLUTENFREI

Für 12–15 Personen

Zutaten
5 Blatt Gelatine
1 kg Naturjoghurt
(Mila Heumilchjoghurt)
120 g Staubzucker
1 Biozitrone, Saft und Abrieb
400 ml Sahne, geschlagen

Weiteres
2 Blatt Gelatine
500 g Erdbeeren
½ Biozitrone, Saft
100 g Zucker
Minzblätter

Gelatine in kaltem Wasser einweichen.

Joghurt mit Staubzucker, Zitronensaft und -schale verrühren.

Die eingeweichte Gelatine gut ausdrücken und in einem kleinen Topf so lange erwärmen, bis sie sich aufgelöst hat.

4–5 Esslöffel von der Joghurtmischung unter die Gelatine rühren. Zum restlichen Joghurt geben und gut vermengen.

Sahne steif schlagen und unter die Joghurt-Gelatine-Masse heben. In Gläser füllen und mindestens 3 Stunden im Kühlschrank fest werden lassen.

Inzwischen die Gelatine für den Erdbeerspiegel in kaltem Wasser einweichen.

Erdbeeren waschen, zerkleinern und mit Zitronensaft und Zucker kurz aufkochen lassen. Mit dem Stabmixer zerkleinern und die ausgedrückte Gelatine darin auflösen.

Die Erdbeersauce lauwarm abkühlen lassen und über die gestockte Joghurtmousse gießen. Nochmals mindestens 1 Stunde im Kühlschrank fest werden lassen.

Mit Minze garniert servieren.

TIPPS

Den Joghurt rechtzeitig aus dem Kühlschrank nehmen, damit er Zimmertemperatur hat.

Die Erdbeeren kann man durch jedes beliebige Obst ersetzen.

MINITARTES MIT VANILLECREME UND OBST

VEGETARISCH

Für etwa 25 Stück

Mürbteig
250 g Mehl
100 g weiche Butter
100 g Zucker
½ Biozitrone, Abrieb
1 Ei
8 g Backpulver

Vanillecreme
1 Vanilleschote
3 Eigelb
30 g Kartoffelstärke
60 g Zucker
550 ml länger haltbare Milch
(länger haltbare Mila-Heumilch)

Weiteres
Himbeeren
Kiwi
Heidelbeeren
Ananas

Mehl, Butter, Zucker, Zitronenschale, Ei und Backpulver zu einem glatten Teig verkneten. In Klarsichtfolie wickeln und mindestens 1 Stunde im Kühlschrank ruhen lassen.

Das Mark der Vanilleschote herauskratzen und mit Eigelb, Kartoffelstärke, Zucker und 100 ml Milch verrühren.

Die Mischung unter ständigem Rühren zur restlichen Milch geben, zum Kochen bringen und bei schwacher Hitze 2 Minuten köcheln lassen. In eine Schüssel füllen und auskühlen lassen.

Den Mürbteig in etwa 20 g schwere Stücke teilen und in Muffinförmchen (Ø 4,5 cm) drücken. Den Teig bis zum Rand hochziehen und im Backofen bei 165 Grad Umluft 20 Minuten backen. Herausnehmen und auskühlen lassen.

Die Vanillecreme in einen Spritzbeutel geben und die Minitartes damit füllen.

Himbeeren, Kiwi, Heidelbeeren und Ananas in kleine Stücke schneiden und die Minitartes damit garnieren.

TIPPS

Natürlich kann man auch ein Blech mit größeren Mulden verwenden, allerdings ändert sich hier die benötigte Teigmenge pro Minitarte.

Die Minitartes können bereits am Vortag gebacken und erst bei Bedarf mit Vanillecreme und Obst gefüllt werden.

TIRAMISU-WINDBEUTEL

VEGETARISCH

Für 10–15 Stück

Zutaten
250 g Mascarpone
200 ml Sahne
70 ml starker, kalter Espresso
2 EL Staubzucker
150 ml Wasser
60 g Butter
1 Prise Salz
1 TL Zucker
100 g Mehl
3 Eier

Weiteres
Kakaopulver

Mascarpone, Staubzucker und Espresso zu einer cremigen Masse verrühren. Die Sahne steif schlagen und unterheben. Kalt stellen.

Wasser, Butter, Salz und Zucker in einem Topf zum Kochen bringen. Topf vom Herd nehmen, das Mehl auf einmal hineingeben und mit einem Kochlöffel verrühren. Den Topf zurück auf den Herd stellen, die Hitze reduzieren und den Teig so lange rühren (abbrennen), bis eine glatte Masse entstanden ist und sich am Topfboden eine weiße Schicht gebildet hat.

Den Teig in eine Schüssel geben und 3 Minuten abkühlen lassen. Die Eier nach und nach mit dem Handrührer unterrühren. Der Teig soll zäh und glänzend sein.

Den Teig in einen Spritzbeutel mit Sterntülle füllen und etwa 15 runde Windbeutel auf das mit Backpapier ausgelegte Backblech spritzen.

Im auf 220 Grad Ober-/Unterhitze vorgeheizten Backofen etwa 20 Minuten backen.

Die Windbeutel auskühlen lassen und halbieren. Mit Mascarponecreme füllen und mit Kakao bestreuen.

TIPPS

Während des Backvorganges den Backofen auf keinen Fall öffnen, da die Windbeutel sonst zusammenfallen.

Die Windbeutel können am Vortag gebacken und kurz vor dem Servieren gefüllt werden.

Man kann die Windbeutel auch mit Vanillecreme bzw. mit Sahne und Früchten füllen.

FISCHABEND

Sehr gerne kommen Fischgerichte auf unseren Teller.
In diesem Kapitel möchten wir zeigen, wie einfach es ist,
Fisch und Meeresfrüchte zuzubereiten.
Manchmal braucht es nicht einmal einen besonderen Anlass
für ein Fischmenü, über das sich Familie oder Gäste
sicher freuen.

LACHSTATAR AUF GURKEN-AVOCADO-SALAT

Für 4 Personen

Gurken-Avocado-Salat
1 Salatgurke
1 Avocado
1 EL Olivenöl
1 EL Limettensaft
Salz, Pfeffer

Limettencreme
½ Biolimette
100 g Sauerrahm
Salz, Pfeffer

Lachstatar
500 g Lachsfilet (Sashimi-Qualität)
1 Frühlingszwiebel
1 Knoblauchzehe
1 EL Petersilie
½ Biolimette
2 EL Olivenöl
Salz, Pfeffer

Weiteres
Gartenkresse
Schüttelbrot, klein gehackt

Gurke schälen, in kleine Würfel schneiden und in eine Schüssel geben. Salzen und mindestens 15 Minuten stehen lassen, damit sie Wasser verliert. Avocado halbieren, entkernen und das Fruchtfleisch aus der Schale holen. In kleine Würfel schneiden.

Gurkenwürfel abseihen und mit Avocado, Olivenöl und Limettensaft vermischen. Mit Salz und Pfeffer würzen.

Limettenschale abreiben und Saft auspressen. Mit Sauerrahm verrühren und mit Salz und Pfeffer abschmecken.

Lachs in feine Würfel schneiden. Frühlingszwiebel und Knoblauch fein schneiden und Petersilie fein hacken. Limettenschale abreiben und Saft auspressen. Alles in eine Schüssel geben und mit Olivenöl, Salz und Pfeffer würzen.

Einen Metallring (Ø 8 cm) auf die Teller legen, jeweils 2 Esslöffel Gurken-Avocado-Salat hineingeben, gleichmäßig verteilen und etwas andrücken. 3–4 Esslöffel Tatar daraufgeben, andrücken und den Metallring vorsichtig abziehen. Mit Limettencreme, Gartenkresse und Schüttelbrot garnieren.

TIPPS

Die Zutaten für das Lachstatar vorbereiten, aber den Limettensaft erst kurz vor dem Anrichten zum Lachs geben, da sich sonst die Eiweißstruktur und Farbe des Fisches verändert.

Statt Limetten kann man Zitronen verwenden.

LAUWARMER OKTOPUSSALAT

GLUTENFREI • LAKTOSEFREI

Für 4 Personen

Zutaten

2 Biozitronen
1,2 kg Oktopus, geputzt
2 Lorbeerblätter
5 Pfefferkörner
1 festkochende Kartoffel
2 Stangensellerie
12 Cocktailtomaten, geviertelt
1 Knoblauchzehe, fein gehackt
5 EL Olivenöl
2 EL Petersilie, fein gehackt
Salz, Pfeffer

Salzwasser in einem großen Topf zum Kochen bringen. Die Zitronen dünn schälen und auspressen.

Oktopus zusammen mit Zitronenschale, 3 Esslöffel Zitronensaft, Lorbeerblättern und Pfefferkörnern ins kochende Wasser geben und mit geschlossenem Deckel 1½ Stunden köcheln lassen.

Oktopus aus dem Salzwasser nehmen, etwas abkühlen lassen und in kleine Stücke schneiden. In eine Schüssel geben.

Kartoffel schälen, in kleine Würfel schneiden, in Salzwasser garen und abseihen.

Sellerie in feine Scheiben schneiden und 1 Minute blanchieren.

Beides mit Cocktailtomaten, Knoblauch, Olivenöl, 6 Esslöffel Zitronensaft und Petersilie zum Oktopus geben und gut vermischen. Mit Salz und Pfeffer abschmecken.

TIPPS

Der Oktopus ist weich, wenn man einen Holzspieß leicht hineinstecken und herausziehen kann.

Man kann den Oktopus auch in einem Schnellkochtopf garen. Das dauert etwa 8 Minuten auf Stufe 2. Anschließend den Topf vom Herd nehmen und den Druck langsam ablassen.

SCHWARZE TAGLIOLINI MIT MEERESFRÜCHTEN

LAKTOSEFREI

Für 4 Personen

Nudelteig
3 Eier (Größe M)
8 g Tintenfischtinte
2 EL Olivenöl
150 g Mehl (Typ 00)
150 g feines Hartweizenmehl (Semola rimacinata)

Meeresfrüchte
1 kg Miesmuscheln
Olivenöl
1–2 Knoblauchzehen, fein gehackt
100 ml Weißwein
350 g Garnelen (Mazzancolle)
300 g Tintenfischringe
150 g kleine Tintenfische
Salz, Pfeffer
400 g Cocktailtomaten, halbiert
4 EL passierte Tomaten
2 EL Petersilie, fein gehackt

Eier mit Tintenfischtinte und Olivenöl verquirlen. Mit Mehl und Hartweizenmehl zu einem geschmeidigen Teig verkneten, in Klarsichtfolie wickeln und 1 Stunde bei Zimmertemperatur ruhen lassen. Den Nudelteig mit der Nudelmaschine (vorletzte Stufe) dünn ausrollen und zu Tagliolini schneiden.

Miesmuscheln putzen, offene Muscheln aussortieren. In einem hohen Topf etwas Olivenöl erhitzen, Muscheln, die Hälfte des Knoblauchs und Weißwein dazugeben und 6–7 Minuten mit geschlossenem Deckel garen.

Garnelen schälen und vom Darm befreien. Tintenfischringe in Stücke schneiden. Olivenöl erhitzen und nacheinander Garnelen, Tintenfischringe und Tintenfische kurz und scharf darin anbraten. Mit Salz und Pfeffer würzen.

Cocktailtomaten und den restlichen Knoblauch in Olivenöl anschwitzen. Passierte Tomaten dazugeben und etwa 5 Minuten köcheln lassen.

Miesmuscheln aus den Schalen lösen (ungeöffnete Muscheln entsorgen). Zusammen mit etwas Muschelsud und den gebratenen Meeresfrüchten zur Tomatensauce geben und einmal kurz aufkochen lassen.

Die Tagliolini in Salzwasser 3 Minuten garen, abseihen und in der Sauce schwenken. Mit Petersilie garnieren.

TIPP

Die Nudeln auf ein mit Hartweizenmehl bestreutes Nudelbrett legen, damit sie nicht zusammenkleben.

SCHLIFF

GOLDBRASSE (ORATA) IM OFEN

GLUTENFREI • LAKTOSEFREI

Für 4 Personen

Goldbrasse

2 Knoblauchzehen
2 TL Salz
5 EL Olivenöl
4 Thymianzweige
4 mittelgroße Goldbrassen, geputzt

Gemüse

3 Kartoffeln
1 Fenchelknolle
½ Lauchstange
1 Zucchini
10 Cocktailtomaten
10 getrocknete, in Öl eingelegte Tomaten
1 Rosmarinzweig, fein geschnitten
1 Knoblauchzehe, fein geschnitten
3 EL Taggiasche-Oliven
1 EL Kapern
Salz, Pfeffer
Chilisalz (siehe Seite 139)
Olivenöl
125 ml Weißwein

Knoblauch in Scheiben schneiden und mit Salz, Olivenöl und Thymian mischen. In die Bauchhöhle der Goldbrassen geben.

Kartoffeln schälen. Zusammen mit dem Fenchel in kleine Stücke schneiden und einige Minuten im kochenden Salzwasser blanchieren. Abseihen und in eine große Schüssel geben.

Lauch und Zucchini in gleichmäßige Stücke schneiden, die Cocktailtomaten halbieren und die getrockneten Tomaten in Streifen schneiden. Zusammen mit Rosmarin, Knoblauch, Oliven und Kapern zu den Kartoffel- und Fenchelwürfeln geben.

Salz, Pfeffer, Chilisalz, Olivenöl und Weißwein dazugeben, gut vermischen und alles auf einem Backblech verteilen.

Die Goldbrassen auf das Gemüse legen und im Backofen bei 180 Grad Umluft 30 Minuten garen.

TIPP

Dazu empfehlen wir den Sauvignon SCHLIFF der Kellerei St. Pauls.

ZITRONENEISTÖRTCHEN

Für 6–8 Personen

Biskuit
2 Eier
50 g Zucker
40 g Mehl
20 g Kartoffelstärke

Füllung
500 ml Milch
130 g Zucker
300 ml Sahne, geschlagen
100 ml Zitronensaft
½ Biozitrone, Abrieb

Weiteres
Minzblätter
6–8 dünne Zitronenscheiben

Eier trennen und Eiweiß anschlagen. Zucker zugeben und so lange steif schlagen, bis sich der Zucker vollständig aufgelöst hat. Eigelbe einzeln unter den Eischnee rühren.

Mehl und Kartoffelstärke sieben und vorsichtig unter die Eiermasse heben.

Die Masse gleichmäßig in eine mit Backpapier ausgelegte Springform (Ø 26 cm) füllen und im vorgeheizten Backofen bei 170 Grad Umluft 10 Minuten backen. Biskuitboden in der Form auskühlen lassen.

Milch und Zucker in einen großen, hohen Topf geben und bei großer Hitze unter ständigem Rühren etwa 30 Minuten auf die Hälfte einreduzieren lassen. Vollständig auskühlen lassen.

Sahne steif schlagen und zusammen mit Zitronensaft und -abrieb unter die gezuckerte Kondensmilch rühren.

Die Masse auf den Biskuitboden geben und 5 Stunden im Gefrierfach gefrieren lassen. 20 Minuten vor dem Servieren aus dem Gefrierfach nehmen und mit einem Metallring (Ø 8 cm) kleine Törtchen ausstechen.

Jedes Törtchen mit Minze und einer Zitronenscheibe garnieren.

TIPPS

Die Eistorte kann auch in Tortenstücke geschnitten werden.

Man kann auch 300 g gezuckerte Kondensmilch aus dem Supermarkt verwenden.

Zum Kochen der Kondensmilch einen Topf verwenden, der mindestens das dreifache Volumen fasst, da die Milch stark schäumt.

BRUT
BLANC DE BLANCS
PRAECLARUS
METODO CLASSICO

FRÖHLICHES BEISAMMENSEIN

Wir lieben gemütliche und lockere Abende mit Freunden. Allerdings wollen wir dafür nicht lange in der Küche stehen, sondern die Zeit lieber mit unseren Freunden verbringen. Deshalb haben wir hier tolle Rezeptideen aufgeschrieben, die sich einfach und schnell zubereiten lassen.

TOMATEN-RICOTTA-BRUSCHETTE MIT MELANZANE

VEGETARISCH

Brotscheiben mit Olivenöl beträufeln, auf ein Backblech legen und im auf 200 Grad Ober-/Unterhitze vorgeheizten Backofen 5 Minuten hellbraun rösten.

Ricotta mit den getrockneten Tomaten, Knoblauch und Salz in der Küchenmaschine fein pürieren.

Basilikum und Parmesan unterrühren.

Melanzane in kleine Würfel schneiden und in etwas Olivenöl anbraten. Salzen, pfeffern und mit geschlossenem Deckel etwa 5 Minuten schmoren.

Die gerösteten Brotscheiben mit der Ricottacreme bestreichen und mit Melanzane belegen. Mit Oliven und Basilikum garnieren.

Für 15–20 Stück

Zutaten
15–20 Baguettescheiben
Olivenöl
250 g Ricotta
60 g getrocknete, in Öl eingelegte Tomaten
1 Knoblauchzehe
10 Basilikumblätter, fein geschnitten
3 EL Parmesan, gerieben
1 Melanzane (Aubergine)
Salz, Pfeffer

Weiteres
3 EL Taggiasche-Oliven
Basilikum

PRAECLARUS
BRUT
BLANC DE BLANCS
PRAECLARUS
METODO CLASSICO

BASILIKUM-RICOTTA-BRUSCHETTE MIT GEMÜSE

VEGETARISCH

Für 15–20 Stück

Zutaten
15–20 Baguettescheiben
Olivenöl
250 g Ricotta
30 Basilikumblätter
1 Knoblauchzehe
30 Cocktailtomaten
Salz, Pfeffer
½ Zucchini
½ Peperoni (Paprikaschote)
70 g Feta

Brotscheiben mit Olivenöl beträufeln, auf ein Backblech legen und im auf 200 Grad Ober-/Unterhitze vorgeheizten Backofen 5 Minuten hellbraun rösten.

Ricotta mit Basilikum, Knoblauch und Salz in der Küchenmaschine fein pürieren.

Cocktailtomaten in etwas Olivenöl einige Minuten schmoren, salzen und pfeffern.

Zucchini und Peperoni in kleine Würfel schneiden und in Öl anbraten. Mit Salz und Pfeffer würzen.

Die gerösteten Brotscheiben mit der Ricottacreme bestreichen und mit geschmorten Tomaten und Zucchini-Peperoni-Gemüse belegen. Mit Feta garnieren.

ROHNEN-CARPACCIO MIT RUCOLA UND APFELVINAIGRETTE

GLUTENFREI • VEGETARISCH

Für 4 Personen

Zutaten

2 rohe Rohnen (Rote Bete)
1 säuerlicher Apfel
1 Zitrone, Saft
6 EL Olivenöl
Salz, Pfeffer
1 Bund Rucola
4 EL Parmesan, gehobelt

Rohnen schälen, in sehr feine Scheiben hobeln, auf vier Teller verteilen und etwas salzen.

Den Apfel entkernen, in feine Würfel schneiden und mit Zitronensaft und Olivenöl vermengen. Mit Salz und Pfeffer abschmecken.

Den Rucola auf dem Rohnen-Carpaccio verteilen, mit Apfelvinaigrette beträufeln und mit Parmesan garnieren.

QUARKGNOCCHI MIT SALBEIBUTTER UND GETROCKNETEN TOMATEN

VEGETARISCH

Für 4 Personen

Zutaten

375 g Magertopfen (Magerquark)
150 g Parmesan, gerieben
75 g feines Hartweizenmehl (Semola rimacinata)
75 g Weizenmehl
1 Ei
Salz, Pfeffer

Weiteres

3 EL Butter
2 EL Olivenöl
15 Salbeiblätter
10 getrocknete Tomaten

Topfen, Parmesan, Hartweizenmehl, Mehl, Ei, Salz und Pfeffer zu einem glatten Teig verkneten.

Den Teig auf einer bemehlten Arbeitsfläche zu 2 cm dicken Strängen rollen und in 2 cm lange Stücke schneiden.

Butter und Olivenöl in einer Pfanne erhitzen. Salbeiblätter dazugeben und ausbacken.

Die getrockneten Tomaten in dünne Streifen schneiden und zu den Salbeiblättern in die Pfanne geben.

Die Gnocchi ins kochende Salzwasser geben und sobald sie an die Oberfläche steigen, noch 2 Minuten köcheln lassen.

Mit einer Schaumkelle herausnehmen, in der Salbei-Tomaten-Butter schwenken und auf Tellern anrichten.

TIPPS

Die Gnocchi schmecken auch mit Tomaten- oder Gorgonzola-Radicchio-Sauce.

Man kann die Gnocchi schon ein bis zwei Tage vorher zubereiten und kochen. Anschließend mit kaltem Wasser abschrecken, mit Olivenöl beträufeln und in den Kühlschrank stellen. Wenn die Gäste kommen, müssen sie nur noch in der Salbei-Tomaten-Butter erwärmt werden.

SPARERIBS MIT OFENKARTOFFELN UND ZWEIERLEI DIPS

GLUTENFREI

Für 4 Personen

Spareribs
2 kg Spareribs
Salz
2 EL Olivenöl
1 EL Ketchup
1 EL Honig
2 TL Senf
½ TL Paprikapulver
Pfeffer

Ofenkartoffeln
1,5 kg festkochende Kartoffeln
4 EL Pflanzenöl
Salz, Rosmarin

Feuriger Dip
200 g Essiggurken
1 Schalotte
200 g Ketchup
Chiliflocken

Kräuterdip
4 EL Schnittlauch
4 EL Petersilie
½ Knoblauchzehe
200 g Schmand oder Sauerrahm
2 EL Naturjoghurt
Salz, Pfeffer

Die Spareribs auf ein Backblech legen, mit Salz würzen und im Backofen bei 160 Grad Umluft 1½ Stunden garen. Olivenöl, Ketchup, Honig, Senf, Paprikapulver, Salz und Pfeffer verrühren und die Spareribs damit bestreichen. Wieder in den Backofen schieben und bei 180 Grad Umluft weitere 30 Minuten garen.

Kartoffeln schälen, in Spalten schneiden und mit Pflanzenöl, Salz und Rosmarin gut vermengen. Auf ein Backblech geben und im Backofen auf der untersten Schiene zusammen mit den Spareribs 1 Stunde garen.

Essiggurken in kleine Würfel schneiden und Schalotte fein hacken. Mit Ketchup vermengen und mit Chiliflocken abschmecken.

Schnittlauch und Petersilie fein schneiden. Knoblauch fein hacken. Mit Schmand und Naturjoghurt verrühren und mit Salz und Pfeffer abschmecken.

Die Spareribs mit Ofenkartoffeln und beiden Dips servieren.

TIPPS

Wenn die Spareribs 1 Stunde im Backofen sind, können die Kartoffeln ebenfalls hinein.

Der Kräuterdip passt nicht nur zu Fleisch, sondern auch zu gebratenem oder gegrilltem Fisch.

Unser Weintipp zu den Spareribs: Cabernet Riserva TURMFELD von der Kellerei St. Pauls.

BANANENHALBGEFRORENES

GLUTENFREI

Eier trennen und Bananen mit einer Gabel zerdrücken.

Die zerdrückten Bananen mit Eigelb, der Hälfte des Zuckers und Zitronensaft mit einem Handrührgerät schaumig schlagen.

Eiweiß mit Salz anschlagen, den restlichen Zucker dazugeben und steif schlagen.

Eischnee und geschlagene Sahne unter die Bananenmasse heben und in eine mit Klarsichtfolie ausgelegte Terrinenform füllen. Mindestens 8 Stunden im Tiefkühlfach gefrieren lassen.

Sahne aufkochen, vom Herd nehmen und über die Zartbitterkuvertüre gießen. So lange rühren, bis die Sauce glatt ist.

Das Bananenhalbgefrorene aus der Terrine stürzen und in Scheiben schneiden.

Mit Schokoladensauce und Früchten anrichten.

Für 6–8 Personen

Bananenhalbgefrorenes
2 Eier
2 reife Bananen
100 g Zucker
1 Zitrone, Saft
1 Prise Salz
250 g Sahne, steif geschlagen

Schokoladensauce
120 ml Sahne
100 g Zartbitterkuvertüre, fein gehackt

Weiteres
Erdbeeren
Himbeeren
Heidelbeeren

TIPP

Die Terrinenform sollte immer mit Klarsichtfolie ausgelegt werden, damit sich das Halbgefrorene leichter aus der Form lösen lässt.

VEGGY-TAG

Vegetarische Gerichte können nicht nur bunt, sondern auch abwechslungsreich und schmackhaft sein. Unsere Rezepte eignen sich für den Alltag und bieten sowohl für das Mittag- als auch für das Abendessen zahlreiche Ideen.

BLUMENKOHLSUPPE MIT CROÛTONS

VEGETARISCH

Für 4 Personen

Blumenkohlsuppe
550 g Blumenkohl
150 g Knollensellerie
1 mehlige Kartoffel
½ Zwiebel, fein geschnitten
Olivenöl
1 l Gemüsebrühe
3 EL Zitronensaft
100 ml Sahne
Salz, Pfeffer

Croûtons
2 Vinschgerlen
2 EL Butter
Salz

Weiteres
2 Blumenkohlröschen
1 EL Butter
Salz
3 EL Schnittlauch, fein geschnitten

Blumenkohl, Knollensellerie und Kartoffel putzen, schälen und klein schneiden.

Zwiebel in etwas Olivenöl anschwitzen, Sellerie dazugeben und mit Gemüsebrühe und Zitronensaft aufgießen. Aufkochen lassen.

Blumenkohl- und Kartoffelstücke zur Suppe geben und zugedeckt 20 Minuten kochen lassen.

Sahne zufügen und die Suppe mit dem Stabmixer fein pürieren. Wenn sie zu dickflüssig ist, noch etwas Gemüsebrühe oder Wasser dazugeben.

Mit Salz und Pfeffer abschmecken.

Vinschgerlen in kleine Würfel schneiden, langsam in Butter rösten und etwas salzen.

Blumenkohlröschen fein schneiden, kurz in Butter anbraten und mit Salz würzen.

Suppe mit Croûtons, geröstetem Blumenkohl und Schnittlauch garniert servieren.

LINSENEINTOPF

GLUTENFREI • LAKTOSEFREI • VEGAN

Linsen waschen, 30 Minuten in kaltem Wasser einweichen und abseihen.

Die eingeweichten Linsen mit frischem Wasser aufsetzen, 30 Minuten garen, abseihen und beiseitestellen.

Karotten, Peperoni, Zucchini und Lauch putzen, klein schneiden und zusammen mit den Zwiebelwürfeln in Olivenöl anbraten.

Passierte Tomaten und Gemüsepaste zufügen und 15 Minuten köcheln lassen.

Die Linsen zum Gemüse geben und mit Chilisalz, Salz und Pfeffer würzen. Weitere 15 Minuten auf kleiner Flamme kochen lassen.

Für 4 Personen

Zutaten

240 g braune Linsen
3 Karotten
2 rote Peperoni (Paprikaschoten)
2 Zucchini
½ Lauchstange
1 Zwiebel, fein geschnitten
Olivenöl
500 ml passierte Tomaten
2 EL Gemüsepaste
(siehe Seite 148)
Chilisalz (siehe Seite 139)
Salz, Pfeffer

TIPPS

Anstelle der braunen Linsen können auch andere Linsen verwendet werden. Die Garzeit ändert sich je nach Art der Linsen.

Die Gemüsepaste kann durch Salz ersetzt werden.

KICHERERBSENCURRY MIT MELANZANE

GLUTENFREI • LAKTOSEFREI • VEGAN

Für 4 Personen

Zutaten
350 g Melanzane
Salz
Olivenöl
1 kleine Zwiebel, fein geschnitten
20 g Ingwer, fein geschnitten
1 TL rote Currypaste
1 Knoblauchzehe, fein geschnitten
100 g Tomaten, in kleine Würfel geschnitten
400 ml Kokosmilch
600 g Kichererbsen, gekocht
2 ½ TL Currypulver
80 g Cashewkerne
3 EL Petersilie, fein gehackt

Melanzane in kleine Würfel schneiden und auf einem Backblech verteilen. Salzen, mit Olivenöl beträufeln und 20 Minuten im vorgeheizten Backofen bei 200 Grad Umluft garen.

Zwiebel- und Ingwerwürfel in Olivenöl anbraten. Rote Currypaste und Knoblauch dazugeben und kurz mitbraten.

Tomaten, Kokosmilch und Kichererbsen zufügen und mit Currypulver und Salz abschmecken. 10 Minuten köcheln lassen.

Die Melanzanewürfel dazugeben und das Curry weitere 5 Minuten auf kleiner Flamme ziehen lassen.

Cashewkerne in einer Pfanne ohne Fett rösten, Petersilie fein hacken und das Curry damit bestreuen.

TIPP

Als Beilage eignet sich Basmatireis sehr gut.

KÜRBISQUICHE

VEGETARISCH

Für eine Quiche- oder Springform (Ø 28 cm)

Mürbteig
250 g Mehl
125 g kalte Butter
1 Eigelb
2 EL kaltes Wasser
1 Prise Salz

Füllung
350 g Hokkaidokürbis
100 g Lauch
Olivenöl
Salz, Pfeffer
60 g Taleggio
4 Eier
50 ml Sahne
1 EL Thymian, fein geschnitten
Salz, Pfeffer
25 g Walnüsse, grob gehackt

Mehl, Butter, Eigelb, Wasser und Salz zu einem glatten Teig verkneten, in Klarsichtfolie wickeln und mindestens 30 Minuten im Kühlschrank ruhen lassen.

Kürbis in kleine Würfel und Lauch in feine Streifen schneiden. In Olivenöl 5 Minuten anbraten, mit Salz und Pfeffer würzen und auskühlen lassen.

Den Teig auf einer bemehlten Arbeitsfläche etwa 3 mm dick ausrollen und so in eine eingefettete Form legen, dass diese vollständig ausgekleidet ist.

Das Gemüse auf den Teig geben. Den Taleggio in Stücke zupfen und auf dem Gemüse verteilen.

Eier, Sahne, Thymian, Salz und Pfeffer verquirlen und über das Gemüse gießen. Die Quiche mit Walnüssen bestreuen und im Backofen bei 180 Grad Umluft 35 Minuten backen.

TIPPS

Die Quiche eignet sich sehr gut als Hauptspeise. Am besten schmeckt sie jedoch lauwarm mit Salat.

In kleine Stücke geschnitten kann die kalte Quiche als Fingerfood serviert werden.

Statt Kürbis kann man auch Radicchio, Spinat, Zucchini oder Broccoli verwenden.

PLÖTZNER
SÜDTIROL DOC ALTO ADIGE
WEISSBURGUNDER
KELLEREI
ST. PAULS

TOPFENNOCKEN MIT SCHNITTLAUCHSAUCE

VEGETARISCH

Für 4 Personen

Topfennocken
5 altbackene Semmeln (Brötchen)
500 g Magertopfen (Magerquark)
50 g Mehl
50 g feiner Grieß
200 ml Milch
2 Eier
Salz, Pfeffer

Schnittlauchsauce
1 EL Butter
½ EL Mehl
200 ml Sahne
100 ml Milch
Salz, Pfeffer
3 EL Schnittlauch, fein geschnitten
4 Schnittlauchblüten

Die Semmeln entrinden, in kleine Würfel schneiden und in eine Schüssel geben.

Magertopfen, Mehl, Grieß, Milch, Eier, Salz und Pfeffer hinzufügen, gut vermengen und die Masse im Kühlschrank 30 Minuten ruhen lassen.

Aus dem Teig Nocken formen, in kochendes Salzwasser geben und 15 Minuten bei schwacher Hitze köcheln lassen.

In einem Topf Butter schmelzen lassen. Das Mehl einrühren und anschwitzen, mit Sahne und Milch aufgießen und mit Salz und Pfeffer würzen. Die Sauce etwas einkochen lassen.

Die Nocken mit einer Schaumkelle aus dem Wasser nehmen und auf Teller verteilen. Den Schnittlauch zur Sauce geben und über die Nocken gießen. Mit Schnittlauchblüten garnieren.

TIPPS

Am besten funktioniert das Rezept mit 2–3 Tage alten Semmeln.

Der Grieß kann durch Mehl ersetzt werden.

Zum Formen der Knödel sollte man die Hände immer wieder mit etwas Wasser befeuchten.

COUSCOUSSALAT

VEGETARISCH

Für 4–6 Personen

Couscous
250 g Couscous
2 EL Olivenöl
½ TL Salz
400 ml kochendes Wasser

Gemüse
2 Karotten
½ rote Peperoni (Paprikaschote)
½ gelbe Peperoni (Paprikaschote)
1 Zucchini
1 Knoblauchzehe, fein gehackt
Olivenöl
Salz, Pfeffer
10 Cocktailtomaten
100 g Lauch

Weiteres
200 g Feta
4 EL Taggiasche-Oliven
3 EL Olivenöl
2 EL Zitronensaft
Salz, Pfeffer
Basilikum

Den Couscous in eine große Schüssel geben, mit Olivenöl und Salz vermengen und mit kochendem Wasser übergießen. Zugedeckt etwa 5–10 Minuten quellen lassen. Anschließend mit einer Gabel auflockern und auskühlen lassen.

Karotten in kleine Würfel schneiden und in kochendem Salzwasser 3 Minuten blanchieren.

Peperoni und Zucchini in kleine Würfel schneiden und mit Knoblauch in Olivenöl kurz anbraten. Mit Salz und Pfeffer würzen.

Die Tomaten vierteln und den Lauch in feine Ringe schneiden.

Das Gemüse zum Couscous geben.

Den Feta zerbröseln und zusammen mit den Oliven ebenfalls zum Couscous geben.

Olivenöl, Zitronensaft, Salz und Pfeffer zu einem Dressing verrühren und über den Couscoussalat geben. Alles gut vermischen und mit Basilikum garniert servieren.

TIPP

Das Gemüse kann – je nach Jahreszeit und Geschmack – auch durch anderes ersetzt werden.

KINDHEITSERINNERUNGEN

Was wäre ein Namenstag ohne den von unserem Vater gebackenen Namenstagskuchen! Mit den Gerichten in diesem Kapitel verbinden wir viele schöne Kindheitserinnerungen und sie sind auch heute noch ein fester Bestandteil unserer Küche.

SPINATLASAGNE

VEGETARISCH

Für 4 Personen

Pfannkuchen
300 ml Milch
3 Eier
230 g Mehl
½ TL Salz
Pflanzenöl

Spinat
750 g frischer Spinat
1 Zwiebel, klein geschnitten
2 Knoblauchzehen, fein geschnitten
Olivenöl
Salz, Pfeffer

Béchamelsauce
70 g Butter
85 g Mehl
1 l Milch
1 TL Salz
Pfeffer

Weiteres
70 g Parmesan, gerieben

Milch, Eier, Mehl und Salz mit einem Schneebesen glatt rühren.

Etwas Pflanzenöl in einer Pfanne erhitzen und aus dem Teig nacheinander dünne Pfannkuchen backen.

Den Spinat in kochendem Wasser blanchieren, abseihen und grob hacken.

Zwiebel- und Knoblauchwürfel in Olivenöl anschwitzen. Den Spinat dazugeben und mit Salz und Pfeffer würzen. Auskühlen lassen.

Butter in einem Topf schmelzen lassen und Mehl mit dem Schneebesen einrühren. Hell anschwitzen.

Die Milch unter Rühren dazugeben, mit Salz und Pfeffer würzen und etwa 10 Minuten köcheln lassen.

Pfannkuchen, Spinat und Béchamelsauce abwechselnd in eine gebutterte Auflaufform schichten, bis die Zutaten aufgebraucht sind. Die letzte Schicht Pfannkuchen mit Béchamelsauce und Spinat bedecken und großzügig mit Parmesan bestreuen.

Im Backofen bei 180 Grad Umluft 40 Minuten garen.

TIPP

Damit die Pfannkuchen gut in die Auflaufform passen, kann man sie etwas zurechtschneiden.

KÄSECANNELLONI

VEGETARISCH

Für 4 Personen

Pfannkuchen
300 ml Milch
3 Eier
230 g Mehl
½ TL Salz
Pflanzenöl

Käsefüllung
60 g Butter
60 g Mehl
500 ml Milch
250 g Pustertaler Schnittkäse (Mila)
Salz, Pfeffer

Tomatensauce
½ Zwiebel
1 Knoblauchzehe
500 g passierte Tomaten
1 EL Basilikum, fein geschnitten
Olivenöl
Salz, Pfeffer

Weiteres
2 EL Mehl
2 Eier, verquirlt
150 g Semmelbrösel
Frittieröl
Basilikum

Milch, Eier, Mehl und Salz mit einem Schneebesen verrühren.

Pflanzenöl in einer Pfanne erhitzen und aus dem Teig nacheinander dünne Pfannkuchen backen.

Butter in einem Topf schmelzen und das Mehl mit einem Schneebesen einrühren. Hell anschwitzen.

Die Milch unter Rühren dazugeben, salzen, pfeffern und etwa 10 Minuten köcheln lassen. Vom Herd nehmen.

Den Käse in kleine Würfel schneiden, zur Béchamelsauce geben und so lange rühren, bis eine cremige Masse entstanden ist. Auskühlen und fest werden lassen.

Zwiebel und Knoblauch fein hacken, in Olivenöl anschwitzen und die passierten Tomaten dazugeben. Mit Salz und Pfeffer würzen und etwa 30 Minuten köcheln lassen. Zum Schluss das Basilikum zufügen.

Die Pfannkuchen in etwa 10 x 15 cm große Rechtecke schneiden.

Auf jeden Pfannkuchen mittig 2 Esslöffel Käsefüllung geben und einrollen.

Die Röllchen nacheinander in Mehl, verquirlten Eiern und Semmelbröseln wenden und im 180 Grad heißen Frittieröl goldgelb ausbacken. Herausnehmen und auf Küchenpapier abtropfen lassen.

Tomatensauce auf Teller geben und die Röllchen darauf anrichten. Mit Basilikum garnieren.

HÜHNERSCHENKEL MIT GEMÜSERAGÙ

GLUTENFREI • LAKTOSEFREI

Für 4 Personen

Zutaten

4 Hühnerschenkel oder
8 Hühnerkeulen (etwa 1,2 kg)
1 große Zwiebel
2 Karotten
1 rote Peperoni (Paprikaschote)
1 Zucchini
500 ml passierte Tomaten
1 Rosmarinzweig
Pflanzenöl
Salz, Pfeffer

Die Hühnerschenkel von der Haut befreien. Mit Salz und Pfeffer würzen und in Pflanzenöl auf allen Seiten kurz anbraten.

Zwiebel, Karotten, Peperoni und Zucchini in etwa 1 cm große Stücke schneiden.

Zu den Hähnchenschenkeln geben und kurz mitrösten lassen.

Die passierten Tomaten zufügen, mit Salz und Pfeffer würzen und Rosmarin dazugeben.

Zugedeckt auf kleiner Flamme etwa 40 Minuten garen.

TIPPS

Wer das Hähnchen gerne etwas pikanter mag, kann das Gericht mit Chilisalz (siehe Seite 139) verfeinern.

Als Beilage passt am besten Reis.

KAPUZINERZEHEN AUF ERDBEEREN

Die Semmeln entrinden und vierteln.

Milch mit Ei, Salz, Vanillezucker, Zucker und Zitronenabrieb in einer Schüssel verquirlen. Das Brot darin etwa eine Stunde einweichen (nach der Hälfte der Zeit umdrehen).

Die Erdbeeren putzen, klein schneiden und mit Zucker und Zitronensaft marinieren.

Das Brot etwas ausdrücken, in Semmelbröseln wenden und im 180 Grad heißen Frittieröl goldgelb ausbacken. Herausnehmen und kurz auf Küchenpapier abtropfen lassen.

Zucker und Kakaopulver vermischen und die Kapuzinerzehen darin wenden.

Die Erdbeeren auf Teller verteilen, die Kapuzinerzehen darauf anrichten und mit Minze garnieren.

Für 4 Personen

Kapuzinerzehen
2 altbackene Semmeln (Brötchen)
250 ml Milch
1 Ei
1 Vanillezucker
1 Prise Salz
1 EL Zucker
1 Biozitrone, Abrieb

Erdbeeren
500 g Erdbeeren
2 EL Zucker
3 EL Zitronensaft

Weiteres
60 g Semmelbrösel
Frittieröl
3 EL Zucker
1 EL Kakaopulver
Minze

TIPP

Die Semmelbrösel können auch durch Paniermehl ersetzt werden.

NAMENSTAGSKUCHEN

Für eine Springform (Ø 28 cm)

Zutaten
6 Eier
250 g Marzipanrohmasse
1 Pkg. Vanillezucker
150 g Zucker
1 Prise Salz
100 g Mehl
50 g Speisestärke
120 g Zartbitterschokolade

Weiteres
150 ml Sahne
200 g Zartbitterschokolade

5 Eier trennen und das Eigelb zusammen mit dem restlichen Ei, Marzipan, Vanillezucker und der Hälfte des Zuckers schaumig rühren.

Das Eiweiß mit Salz anschlagen. Den restlichen Zucker dazugeben und steif schlagen.

Den Eischnee unter die Marzipanmasse ziehen.

Mehl und Speisestärke über die Ei-Marzipan-Masse sieben und vorsichtig unterheben.

Die Schokolade klein hacken und unter die Kuchenmasse heben.

Die Masse in eine mit Backpapier ausgelegte Springform füllen und im Backofen bei 150 Grad Umluft 60 Minuten backen. Den Backofen ausschalten und den Kuchen 10 Minuten darin ruhen lassen. Anschließend auf einem Kuchengitter auskühlen lassen.

Die Zartbitterschokolade klein hacken und in eine Schüssel geben.

Sahne zum Kochen bringen und über die Schokolade gießen. So lange rühren, bis eine glatte Masse entstanden ist.

Den ausgekühlten Kuchen mit der Schokolade glasieren.

TIPPS

Wenn man die Schokolade vor dem Unterheben mit 1 Esslöffel Mehl bestäubt, sinkt sie beim Backen nicht auf den Boden.

Den Kuchen im Backofen bei geschlossener Tür ruhen lassen.

MISSIANER

ABEND MIT FREUNDEN

Nette Gespräche, gemeinsam lachen und ein gutes Essen – so sieht für uns ein perfekter Abend mit Freunden aus.
Die Gerichte in diesem Kapitel kommen bei unserer Familie, aber auch bei unseren Freunden immer sehr gut an.

GEFÜLLTE CHAMPIGNONS AUF VOGERLSALAT

Für 4 Personen

Champignons
500 g weiße oder braune Champignons (3–4 Stück pro Person)
30 g Bauchspeck, klein geschnitten
1 Schalotte, klein geschnitten
5 EL Olivenöl
100 g Frischkäse
2 EL Petersilie, klein gehackt
Salz, Pfeffer
30 g Semmelbrösel
1 Knoblauchzehe, fein gehackt

Weiteres
60 g Vogerlsalat
8 Cocktailtomaten, geviertelt
4 EL Balsamicoessig
4 EL Olivenöl
Salz, Pfeffer

Die Stiele vorsichtig aus den Champignons herausdrehen und in kleine Würfel schneiden.

Zusammen mit Bauchspeck- und Schalottenwürfeln in 2 Esslöffel Olivenöl anbraten. Etwas abkühlen lassen und mit Frischkäse und Petersilie vermischen.

Die Masse mit Salz und Pfeffer würzen und die Champignons damit füllen.

Die Semmelbrösel gut mit dem restlichen Olivenöl und Knoblauch vermengen, etwas salzen und auf die Champignonfüllung geben. Gut andrücken.

Die Champignons in eine Auflaufform oder auf ein Backblech setzen und im Backofen bei 180 Grad Umluft 30 Minuten backen.

Vogerlsalat und Cocktailtomaten kurz mit einem Dressing aus Balsamicoessig, Olivenöl, Salz und Pfeffer marinieren.

Den Salat auf Teller verteilen und die Champignons darauf anrichten.

TIPPS

Wenn man den Bauchspeck durch 2 Esslöffel fein geschnittenen Schnittlauch ersetzt, wird das Gericht vegetarisch.

Am besten eignen sich Champignons mit einem Durchmesser von 4–5 cm.

BASILIKUMRISOTTO MIT GEBACKENER FRISCHKÄSEPRALINE UND GERÖSTETEN PINIENKERNEN

VEGETARISCH

Für 4 Personen

Risotto
1 Knoblauchzehe
½ Zwiebel
Olivenöl
260 g Risottoreis
100 ml Weißwein
800 ml heiße Gemüsebrühe oder Wasser
60 g Basilikum
100 ml Wasser
Salz, Pfeffer
50 g kalte Butter
90 g Parmesan, gerieben

Frischkäsepraline
120 g Ziegenfrischkäserolle
2 EL Schnittlauch, klein geschnitten
Pfeffer
Mehl
1 Ei, verquirlt
Semmelbrösel
Frittieröl

Weiteres
2 EL Pinienkerne, geröstet
Basilikum

Knoblauch und Zwiebel fein schneiden und in Olivenöl glasig werden lassen. Reis dazugeben, etwa 2 Minuten anschwitzen und mit Weißwein ablöschen. Die Flüssigkeit unter Rühren verkochen lassen.

Nach und nach mit heißer Gemüsebrühe aufgießen und unter Rühren so lange kochen, bis der Reis bissfest ist.

Basilikum mit Wasser pürieren und etwa 3 Minuten vor Garende zum Risotto geben.

Risotto mit Salz und Pfeffer würzen. Butter und geriebenen Parmesan unterrühren.

Ziegenfrischkäse mit Schnittlauch und Pfeffer vermengen. Aus der Masse 4 Kugeln formen und mit Mehl, Ei und Semmelbröseln panieren. Anschließend die Kugeln noch einmal durch das Ei ziehen und in den Semmelbröseln wälzen. Im 180 Grad heißen Frittieröl ausbacken und auf Küchenpapier abtropfen lassen.

Risotto auf Teller verteilen, die Frischkäsepralinen darauf anrichten und mit gerösteten Pinienkernen und Basilikum garnieren.

TIPPS

Garzeit, je nach Reissorte, beträgt 17–20 Minuten.

Dazu passt der Sauvignon GFILL der Kellerei St. Pauls.

SCHWEINEFILET IM SPECKMANTEL MIT KARTOFFELGRATIN UND PETERSILIENPESTO

GLUTENFREI

Für 4 Personen

Kartoffelgratin
600 g festkochende Kartoffeln
60 g Frühlingszwiebeln
60 g Lauch
2 EL Pflanzenöl
170 ml Sahne
170 ml Milch
Salz, Pfeffer
4 EL Parmesan, gerieben

Schweinefilet
4 Schweinefilets (à 250 g)
Kräutersalz
Pfeffer
3 EL Senf
2 EL Rosmarin, fein gehackt
1 EL Salbei, fein gehackt
16 Bauchspeckscheiben
Pflanzenöl

Petersilienpesto
50 g Petersilienblätter
½ Knoblauchzehe
50 ml Olivenöl
Salz

Kartoffeln schälen und in 2–3 mm dünne Scheiben schneiden.

Frühlingszwiebeln in Ringe und Lauch in Streifen schneiden und in Öl andünsten. Mit Sahne und Milch aufgießen und zum Kochen bringen. Die Kartoffelscheiben dazugeben, mit Salz und Pfeffer würzen und 2–4 Minuten kochen lassen.

Alles in eine ausgebutterte Auflaufform geben, mit Parmesan bestreuen und im vorgeheizten Backofen bei 175 Grad Umluft 35–40 Minuten backen.

Schweinefilets parieren, mit Kräutersalz und Pfeffer würzen und mit Senf bestreichen. Mit Rosmarin und Salbei bestreuen und jedes Filet mit 4 Scheiben Bauchspeck umwickeln.

Das Fleisch rundum kurz in Öl anbraten und im vorgeheizten Backofen bei 175 Grad Umluft 20 Minuten garen. Herausnehmen und zugedeckt 3 Minuten ruhen lassen.

Petersilie 3 Minuten in kochendem Wasser blanchieren. Abseihen und mit kaltem Wasser abschrecken. Gut abtropfen lassen bzw. ausdrücken und mit Knoblauch, Olivenöl und Salz fein pürieren.

Fleisch und Kartoffelgratin auf Tellern anrichten und mit Pesto garnieren.

CAPPUCCINO-CREME

GLUTENFREI

Gelatine etwa 10 Minuten in kaltem Wasser einweichen, gut ausdrücken und zusammen mit Zucker im heißen Kaffee auflösen. Auf Zimmertemperatur abkühlen lassen.

Sahne halbsteif schlagen.

Eiweiß mit Zucker steif schlagen und mit der Sahne vermengen. Unter die Kaffee-Gelatine-Mischung heben.

Die Cappuccino-Creme in Gläser füllen und mindestens 3 Stunden im Kühlschrank fest werden lassen.

Vor dem Servieren mit Sahne und Schokoraspeln garnieren.

Für 6–8 Portionen

Zutaten
3 Blatt Gelatine (à 2 g)
50 g Zucker
150 ml heißer, starker Kaffee
200 ml Sahne
1 Eiweiß
1 EL Zucker

Weiteres
100 ml Sahne, geschlagen
Schokoraspel

TIPP

Man kann die Creme auch in einer Schüssel fest werden lassen und später Nocken abstechen.

ES DUFTET NACH HERBST

Wenn es draußen langsam kühler wird und die Tage kürzer werden, dann sitzt man gerne bei einem gemütlichen Essen zusammen, das der Seele guttut. Die Wohlfühlgerichte auf den nächsten Seiten eignen sich für die tägliche Küche, aber ganz besonders als Menüfolge für einen schönen Abend.

KÜRBISSÜPPCHEN MIT PIKANTEM SCHAUM

GLUTENFREI • VEGETARISCH

Für 6 Personen

Zutaten
½ Zwiebel
½ Lauchstange
800 g Kürbis
1 Karotte
Olivenöl
800 ml Gemüsebrühe oder Wasser
50 ml Sahne
Salz, Pfeffer

Weiteres
200 ml warme Milch
Salz
Chiliflocken
Kürbiskernöl
2 EL Kürbiskerne, geröstet

Zwiebel und Lauch putzen und klein schneiden. Kürbis eventuell schälen, die Kerne entfernen und das Fruchtfleisch in Würfel schneiden. Die Karotte schälen und ebenfalls klein schneiden.

In einem Topf die Zwiebel und den Lauch in Olivenöl anschwitzen. Kürbis und Karotte dazugeben und mit Gemüsebrühe aufgießen. Mit geschlossenem Deckel 25 Minuten kochen.

Sahne zur Suppe geben und alles mit dem Stabmixer fein pürieren. Mit Salz und Pfeffer abschmecken.

Milch mit einem Milchschäumer oder Stabmixer aufschäumen und mit Salz und Chili würzen.

Die Suppe in Gläser oder Teller füllen, mit etwas Kürbiskernöl beträufeln und je einen Löffel Milchschaum in die Mitte geben. Mit gerösteten Kürbiskernen garnieren.

KARTOFFELPRALINEN MIT GORGONZOLAFÜLLUNG AUF WÜRZIGER TOMATENSAUCE

VEGETARISCH

Für 4 Personen

Zutaten
400 g mehlige Kartoffeln
1 Eigelb
50 g Hartweizenmehl (Semolino)
50 g Mehl
Salz

Weiteres
100 g Gorgonzola
Frittieröl
Tomatensauce (siehe Seite 92)
Chilisalz (siehe Seite 139)
Basilikum

Die Kartoffeln mit Schale garen, schälen und durch die Kartoffelpresse drücken. Auskühlen lassen.

Eigelb, Hartweizenmehl und Mehl zu den ausgekühlten Kartoffeln geben, mit Salz würzen und alles rasch zu einem Teig verkneten.

Den Teig auf einer bemehlten Arbeitsfläche zu einer Rolle formen und in acht gleich große Stücke teilen.

Jedes Teigstück etwas flach drücken und 1 Teelöffel Gorgonzola in die Mitte setzen. Zu einem Knödel formen und im 180 Grad heißen Frittieröl goldgelb ausbacken. Auf Küchenpapier entfetten.

Die Tomatensauce mit Chilisalz würzen, auf die Teller geben und je zwei Kartoffelpralinen darauf anrichten. Mit Basilikum garnieren.

GESCHMORTE LAMMKEULE MIT DINKELSPATZLEN

Für 4 Personen

Lammkeule

1,2 kg Lammkeule, in Stücke geschnitten
Pflanzenöl
Salz, Pfeffer
1 Zwiebel, klein geschnitten
1 Karotte, klein geschnitten
1 Stangensellerie, klein geschnitten
2 Knoblauchzehen
1 EL Tomatenmark
250 ml Rotwein
500 ml Gemüsebrühe oder Wasser
1 Rosmarinzweig
1 Thymianzweig
4 Salbeiblätter

Weiteres

2 EL kalte Butter
Speisestärke
Dinkelspatzlen (siehe Tipp)
Kürbis, geschmort
Rosmarin

Das Fleisch in Öl auf allen Seiten scharf anbraten und mit Salz und Pfeffer würzen. Zwiebel, Karotte, Stangensellerie und Knoblauch zum Fleisch geben und etwas mitbraten. Tomatenmark zufügen und mitrösten.

Mit der Hälfte des Weins ablöschen und die Flüssigkeit einkochen lassen. Den Vorgang mit dem restlichen Wein wiederholen. Mit Gemüsebrühe aufgießen und 1½ Stunden mit geschlossenem Deckel schmoren lassen.

Rosmarin, Thymian und Salbei zufügen und weitere 30 Minuten garen. Eventuell noch etwas Gemüsebrühe angießen.

Das Fleisch aus der Sauce nehmen und warm halten. Die Sauce abseihen (Gemüse gut ausdrücken) und mit kalter Butter binden.

Das Fleisch zurück in die Sauce geben und erwärmen. Mit Kürbisspalten und Spatzlen anrichten und mit Rosmarin garnieren.

TIPPS

Für die Spatzlen 4 Eier mit 300 g Dinkelmehl, 100 ml Wasser und Salz glatt rühren. Den Teig 15 Minuten ruhen lassen. Mit einem Spätzlehobel in kochendes Salzwasser hobeln, einmal aufkochen und mit einer Schaumkelle aus dem Wasser holen.

LAGRÖLL

KÜRBISGEMÜSE MIT THYMIAN UND FETA

GLUTENFREI • VEGETARISCH

Für 2–3 Personen

Zutaten
1 Hokkaidokürbis
Salz, Pfeffer
5 EL Olivenöl
3 Thymianzweige
250 g Feta

Den Kürbis halbieren, die Kerne entfernen und das Fruchtfleisch in etwa 1 cm dicke Streifen schneiden.

Mit Salz und Pfeffer würzen und mit Olivenöl vermengen.

Kürbisspalten in eine Auflaufform oder auf ein Backblech legen und Thymian darauf verteilen.

Im vorgeheizten Backofen bei 180 Grad Umluft 20 Minuten garen.

Den Kürbis mit zerbröseltem Feta bestreuen und weitere 10 Minuten überbacken.

TIPP

Dieses Gericht eignet sich als schnelles Mittag- oder Abendessen.

WALNUSSHALBGEFRORENES AUF KAKI-ORANGEN-SPIEGEL

Für 4–6 Personen

Karamellisierte Nüsse
80 g Zucker
125 g Walnüsse, grob gehackt

Halbgefrorenes
4 Eigelb
80 g Zucker
1 EL Honig
1 EL Cognac
200 ml Sahne

Kaki-Orangen-Spiegel
2 reife Kaki
2 EL Gelierzucker
1 Bio-Orange, Saft und Abrieb

Weiteres
karamellisierte Wallnüsse

Zucker bei mittlerer Hitze goldgelb karamellisieren lassen. Die Nüsse dazugeben und gut mit dem Karamell vermengen. Auf Backpapier geben, mit zwei Gabeln auseinanderziehen und auskühlen lassen. Die karamellisierten Nüsse grob hacken.

Eigelb und Zucker 5 Minuten schaumig schlagen. Honig und Cognac unterrühren.

Die Sahne steif schlagen und mit den karamellisierten Walnüssen unter die Eigelbmasse heben.

Die Masse in eine mit Klarsichtfolie ausgelegte Terrinenform füllen und 24 Stunden im Gefrierschrank gefrieren lassen.

Kaki schälen und das Fruchtfleisch mit Gelierzucker, Orangensaft und -abrieb kurz aufkochen. Auskühlen lassen.

Das Walnusshalbgefrorene aus der Form stürzen und in Scheiben schneiden. Kaki-Orangen-Sauce auf die Teller geben und das Eis darauf anrichten. Mit karamellisierten Walnüssen garnieren.

TIPPS

Die Terrinenform immer mit Klarsichtfolie auslegen, damit sich das Halbgefrorene leichter aus der Form nehmen lässt.

Dazu empfehlen wir den Dessertwein AURIE Petit Manseng der Kellerei St. Pauls.

FEINES DINNER

Besondere Anlässe zelebrieren wir gern mit einem besonders feinen Essen, das sich auch fein vorbereiten lässt. Als Feinschmecker stellen wir euch in diesem Kapitel einige unserer Lieblingsrezepte vor.

SPARGELCREMESUPPE

GLUTENFREI • VEGETARISCH

Den weißen Spargel schälen und in Stücke schneiden.

Die Zwiebelwürfel in Butter anschwitzen, mit Wasser aufgießen und salzen.

Spargel, Zucker und Zitronensaft dazugeben und 15 Minuten mit geschlossenem Deckel kochen. Ein Drittel der Spargelstücke herausnehmen und beiseitestellen.

Sahne zufügen, aufkochen lassen und mit dem Stabmixer fein pürieren. Mit Salz und Pfeffer würzen. Die Spargelstücke wieder zur Suppe geben.

Das untere Drittel der grünen Spargelstangen schälen und die Spargelstangen längs halbieren.

Butter erhitzen und die Spargelstangen mit der Schnittfläche nach unten darin etwa 3 Minuten anbraten. Mit Salz würzen.

Die Suppe in tiefe Teller geben, je zwei halbierte Spargelstangen darauf anrichten und mit Gartenkresse garnieren.

Für 4 Personen

Zutaten
1 kg weißer Spargel
½ Zwiebel, klein geschnitten
1 EL Butter
700 ml Wasser
Salz
1 TL Zucker
1 EL Zitronensaft
200 ml Sahne
Pfeffer

Weiteres
4 grüne Spargelstangen
1 EL Butter
Salz
Gartenkresse

TORTELLINI MIT FRISCHKÄSEFÜLLUNG

VEGETARISCH

Für 4 Personen

Nudelteig
100 g feines Hartweizenmehl (Semolina rimacinata)
100 g Weizenmehl Typ 00
2 mittelgroße Eier
2 EL Olivenöl

Füllung
200 g Frischkäse
200 g Ricotta
150 g Parmesan, gerieben
1 Knoblauchzehe, fein gehackt
1 Prise Chilipulver
3 EL Petersilie, fein gehackt
3 EL Schnittlauch, fein geschnitten
Salz, Pfeffer

Weiteres
300 g Cocktailtomaten
1 Knoblauchzehe, fein gehackt
150 g Butter
Salz, Pfeffer
15 Basilikumblätter
4 EL Parmesankäse, gehobelt

Hartweizenmehl, Mehl, Eier und Olivenöl zu einem Teig verkneten, in Klarsichtfolie wickeln und mindestens 1 Stunde bei Zimmertemperatur ruhen lassen.

Frischkäse, Ricotta, Parmesan, Knoblauch, Chili, Petersilie und Schnittlauch vermengen und mit Salz und Pfeffer würzen.

Den Teig portionsweise mit der Nudelmaschine dünn ausrollen und aus dem Nudelblatt Kreise (Ø 8 cm) ausstechen. Etwas Füllung in die Mitte geben. Tortellini formen und auf ein mit Hartweizenmehl bestreutes Brett oder Blech legen. Den Vorgang so lange wiederholen, bis der Nudelteig aufgebraucht ist.

Cocktailtomaten halbieren und mit Knoblauch in Butter etwa 5 Minuten auf kleiner Flamme schmoren. Mit Salz, Pfeffer und Basilikum würzen.

Die Tortellini in kochendem Salzwasser 3 Minuten garen, mit einer Schaumkelle herausnehmen und in der Tomatenbutter schwenken. Auf Tellern anrichten und mit Parmesanspänen garnieren.

TIPPS

Sollte der Teig zu bröslig sein, tröpfchenweise Wasser unterkneten, bis er geschmeidig ist. Falls er zu klebrig ist, noch etwas Mehl unterkneten.

Die Tortellini sofort auf ein mit Hartweizenmehl bestreutes Blech legen, damit sie nicht ankleben.

Die Tortellini kann man sehr gut einfrieren.

KALBSBRATEN MIT SELLERIEPÜREE

Für 4 Personen

Kalbsbraten
1 kg Kalbfleisch (Rückenstück oder Nuss)
Pflanzenöl
Salz, Pfeffer
1 Zwiebel
2 Karotten
1 Stangensellerie
1 EL Tomatenmark
250 ml Rotwein
500 ml Gemüsebrühe oder Wasser
1 Rosmarinzweig
2 Salbeiblätter

Selleriepüree
500 g Knollensellerie
50 ml heiße Milch
50 ml Sahne
40 g Butter
1 EL Zitronensaft
Salz

Weiteres
2 EL kalte Butter
Karotten, gedünstet

Das Fleisch in Öl rundum scharf anbraten und mit Salz und Pfeffer würzen.

Zwiebel, Karotten und Sellerie putzen und klein schneiden. Zum Fleisch geben und mitrösten. Tomatenmark zufügen und ebenfalls mitrösten.

Mit der Hälfte des Weins ablöschen und die Flüssigkeit einkochen lassen. Den Vorgang mit dem restlichen Wein wiederholen.

Wenn die Flüssigkeit verkocht ist, mit Gemüsebrühe aufgießen und mit geschlossenem Deckel 1½ Stunden schmoren lassen.

Rosmarin und Salbei zufügen und weitere 30 Minuten garen. Eventuell noch Gemüsebrühe zugießen.

Das Fleisch aus der Sauce nehmen und warm halten. Die Sauce abseihen (Gemüse gut ausdrücken) und mit Butter binden. Das Fleisch zurück in die Sauce geben und erwärmen.

Knollensellerie schälen, in Würfel schneiden und 15 Minuten dämpfen. Mit Milch und Sahne pürieren und mit Butter, Zitronensaft und Salz verfeinern.

Das Fleisch in Scheiben schneiden und mit Selleriepüree und Karotten auf Tellern anrichten. Mit Sauce beträufeln.

TIPP

Übrig gebliebenes Fleisch kann dünn aufgeschnitten mit Thunfischsauce als Vitello tonnato serviert werden.

NOUGATKNÖDEL

Für 14–16 kleine Knödel

Zutaten
50 g weiche Butter
2 zimmerwarme Eier
2 Pkg. Vanillezucker
1 EL Zucker
½ Biozitrone, Abrieb
1 Prise Salz
250 g Magertopfen (Magerquark)
1 EL Mehl
250 g Toastbrot
120 g Nougat

Weiteres
100 g Semmelbrösel
2 EL Butter
2 EL Zucker
1 EL Zimt
Staubzucker
Heidelbeeren
Himbeeren
Heidelbeersauce
Minze

Butter, Eier, Vanillezucker, Zucker, Zitronenschale und Salz mit einem Handrührgerät schaumig schlagen. Magertopfen und Mehl dazugeben und alles zu einer glatten Masse verrühren.

Das Toastbrot entrinden, in kleine Würfel schneiden und unter die Topfenmasse heben. Die Masse etwa 30 Minuten im Kühlschrank ruhen lassen.

Den Nougat in kleine Würfel schneiden und zu Kugeln formen.

Von der Knödelmasse 1 Esslöffel abnehmen, in der Hand etwas flach drücken, Nougat in die Mitte legen und zu einem kleinen Knödel formen. Den Vorgang so lange wiederholen, bis die Knödelmasse aufgebraucht ist.

Die Knödel in kochendem Salzwasser auf kleiner Flamme 8–10 Minuten leicht köcheln lassen. Semmelbrösel in Butter goldgelb rösten, in eine Schüssel geben und mit Zucker und Zimt mischen.

Die Knödel mit einer Schaumkelle aus dem Salzwasser nehmen, abtropfen lassen und in den Semmelbröseln wälzen.

Mit Heidelbeeren, Himbeeren und Heidelbeersauce auf Tellern anrichten und mit Minze garnieren.

TIPPS

Zum Knödelformen die Hände mit etwas Wasser befeuchten.

Die Knödel nur bei schwacher Hitze garen.

Holunder
Sirup
Gemüse
Gebrannte
Mandeln
Gemüsebrühe
Salz

MITBRINGSEL

Es ist immer schön, wenn man mit den Mitbringseln aus der eigenen Küche anderen eine Freude machen kann. Aber die folgenden Rezepte sind nicht nur für unsere Freunde und Bekannten ein kleines Geschenk, sondern auch aus unseren Vorratsschränken nicht mehr wegzudenken.

Chili
Salz
Chili
Salz

CHILISALZ

GLUTENFREI · LAKTOSEFREI · VEGAN

Die getrockneten Chilischoten im Mixer fein zerkleinern.

Mit Salz vermischen und in verschließbare Gläser füllen.

Zutaten
30 g getrocknete Chilischoten
300 g feines Salz

TIPP

Nach dem Mixen der Chilischoten sollte man den Behälter nicht sofort öffnen, damit sich der Chilistaub setzen kann. So vermeidet man eine Reizung der Augen und Atemwege.

Saueres
Gemüse
Gemüse

SAURES GEMÜSE

GLUTENFREI · LAKTOSEFREI · VEGAN

Für 5 Gläser à 350 ml

Zutaten
200 g Zwiebeln
200 g Blumenkohl
200 g Karotten
200 g Salatgurken
200 g Peperoni (Paprikaschoten)
100 g Stangensellerie
500 ml Apfelessig
500 ml Wasser
30 g Zucker
30 g Salz

Das Gemüse putzen, in gleich große Stücke schneiden und auf die Gläser verteilen.

Essig, Wasser, Zucker und Salz aufkochen und den Sud über das Gemüse gießen.

Die Gläser sofort verschließen und im Dampfgarer bei 90 Grad 15 Minuten einwecken.

TIPPS

Wer keinen Dampfgarer hat, kann die Gläser auch im Einwecktopf oder im Backofen einkochen.

Das saure Gemüse hält sich mindestens ein halbes Jahr.

Es passt sehr gut zu gemischtem Aufschnitt.

HOLUNDERSIRUP

GLUTENFREI • LAKTOSEFREI • VEGAN

Für 4 ½ Liter

Zutaten
7 Biozitronen
3 l Wasser
25 große Holunderblüten
3 kg Zucker
80 g Zitronensäure

Zitronen in Scheiben schneiden.

Zusammen mit Wasser und Holunderblüten in einen hohen Topf geben und 3 Tage im Kühlschrank ziehen lassen.

Die Holunderblüten und Zitronen abschöpfen, gut ausdrücken und entsorgen.

Ein Sieb mit einem feinen Baumwolltuch auslegen und den Saft abseihen.

Zucker und Zitronensäuere zufügen und bis kurz vor dem Siedepunkt erhitzen.

Heiß in Flaschen mit Schraubverschluss füllen.

TIPP

Der Holundersirup hält sich ungeöffnet bis zu einem Jahr. Einmal geöffnet, sollte man ihn im Kühlschrank aufbewahren und bald verbrauchen.

MÜSLI

MÜSLI IM GLAS

GLUTENFREI • LAKTOSEFREI • VEGETARISCH

Alle Zutaten in eine große Schüssel geben und gut vermengen.

Auf ein mit Backpapier ausgelegtes Backblech geben und gut verteilen.

Im vorgeheizten Backofen bei 175 Grad Umluft 10 Minuten backen. Das Müsli wenden und weiter 5 Minuten backen.

Aus dem Backofen nehmen und auf dem Backblech auskühlen lassen. Mit den Händen etwas zerbröseln und in verschließbare Gläser füllen.

Zutaten
5 EL gepuffter Amaranth
200 g Haselnüsse, grob gehackt
300 g kernige Haferflocken
100 g Leinsamen
100 g Sesam
100 g Sonnenblumenkerne
5 EL Sonnenblumenöl
5 EL Honig

TIPP

Das Müsli sollte im Kühlschrank aufbewahrt werden.

GEBRANNTE MANDELN

GLUTENFREI • LAKTOSEFREI • VEGAN

Zutaten
150 g Zucker
50 ml Wasser
1 Pkg. Vanillezucker
½ TL Zimt
250 g Mandeln

Zucker, Wasser, Vanillezucker und Zimt in einer großen Edelstahlpfanne zum Kochen bringen. Dabei nicht umrühren.

Die Mandeln dazugeben und unter ständigem Rühren so lange kochen, bis der Zucker trocken und bröselig wird.

Die Temperatur reduzieren und so lange weiterrühren, bis der Zucker zu schmelzen beginnt und die Mandeln glänzen. (Dieser Vorgang kann einige Minuten dauern.)

Die Mandeln auf Backpapier geben und sofort mit zwei Gabeln auseinanderziehen. Auskühlen lassen.

In verschließbare Gläser füllen.

GEMÜSEPASTE

GLUTENFREI • LAKTOSEFREI • VEGAN

Zutaten
100 g Zwiebeln
100 g Knollensellerie
100 g Lauch
200 g Karotten
100 g Tomaten
2 Knoblauchzehen
1 Lorbeerblatt
3 Salbeiblätter
1 Rosmarinzweig
3 Petersilienstängel
5 Basilikumblätter
2 EL Olivenöl
200 g grobes Salz
50 ml Wasser

Das Gemüse putzen, klein schneiden und in einen Topf geben.

Mit Olivenöl, Wasser und Salz 20 Minuten köcheln lassen.

Alles mit dem Stabmixer fein pürieren und heiß in verschließbare Gläser füllen.

Die Gemüsepaste im Kühlschrank aufbewahren.

TIPPS

Die Gemüsepaste hält sich im Kühlschrank mehrere Wochen.

Sie ist ein Allrounder in der Küche und kann für Suppen, Risotto, Fleischgerichte, zum Würzen von Saucen und vielem mehr verwendet werden.

Gemüsebrühe

Irene Prantl

Irene Prantl lebt mit ihrem Mann Dietmar in St. Josef am See, Kaltern. Schon früh hat sie ihrer Mutter im Haushalt geholfen und bereits als Kind ihren ersten Kuchen gebacken. Irene legt großen Wert darauf, für ihre Familie gesund und frisch zu kochen. Dabei ist ihr der achtsame Umgang mit Lebensmitteln besonders wichtig. Nach der Geburt ihrer Kinder wechselte die gelernte Verkäuferin in die Kindergartenküche und entdeckte ihre Freude am Kochen für kleine Feinschmecker. In diesem Kochbuch, das sie mit ihren drei Töchtern verfasst hat, teilt Irene nicht nur Familienrezepte, sondern auch ihre langjährigen Erfahrungen. Fest entschlossen, nicht nur die Familie, sondern viele Menschen fürs Kochen zu begeistern, möchte sie ihre Freude am Genuss gesunden und leckeren Essens auch anderen vermitteln.

Katharina Prantl

Katharina Prantl lebt mit ihrem Mann und zwei Kindern in Kaltern. Früh entwickelte sie ihre Leidenschaft fürs Kochen, während sie ihrer Mutter Irene und Oma Rosa in der Küche half. Als begeisterte Köchin verwöhnt sie gerne Freunde mit improvisierten Gerichten, wobei ihre Stärke darin liegt, schnelle Mahlzeiten aus dem vorhandenen Vorrat zu zaubern. Gerne kommen auch mal aufwendigere Gerichte auf den Tisch. Ein Höhepunkt in Katharinas kulinarischem Werdegang war die Teilnahme – zusammen mit ihrer Mutter und ihren Schwestern – an der Kochshow „Familien-Kochduell“ im deutschen Fernsehen. Die Möglichkeit, mit ihrer Familie an einem Kochbuch zu arbeiten, fand Katharina sehr interessant. Ihr Ziel ist es, andere zu inspirieren, sodass sie Neues ausprobieren und Freude am Kochen finden.

Barbara Prantl

Barbara Prantl lebt mit ihrem Mann und den beiden Kindern in St. Pauls/Eppan. Sie ist eine begeisterte Köchin, die für ihre Familie täglich frische Mahlzeiten auf den Tisch zaubert. Das Kochen hat sie von ihrer Mutter gelernt und dafür eine tiefe Leidenschaft entwickelt.
Gemeinsam mit ihrer Schwester Ariane hat sie erfolgreich an verschiedenen Kochshows im deutschen Fernsehen teilgenommen. Vor einigen Jahren begann Barbara, Kochvideos auf Instagram und Facebook zu teilen, um mit ihren Ideen für köstliche Gerichte andere Menschen in den sozialen Medien zu inspirieren. Das Schreiben dieses Kochbuchs hat sie mit Freude erfüllt. Barbara möchte auf diese Weise Menschen dazu ermutigen, Neues auszuprobieren, selbst in der Küche aktiv zu werden und den Spaß am Kochen zu entdecken.

Ariane Prantl

Ariane Prantl lebt mit ihrem Mann und den beiden Töchtern in Kaltern. Sie ist eine leidenschaftliche Köchin, der besonders das Backen und Verzieren von Torten große Freude bereitet. Vor allem Fisch- und Nudelgerichte zählen zu ihren Stärken. Genau wie ihre Schwestern achtet sie stets darauf, frisch und saisonal zu kochen. 2010 nahm Ariane an der Fernsehsendung „Küchenschlacht" teil und wurde 2017 erneut eingeladen. Diesmal zu einem „Küchenschlacht"-Spezial, das sie für sich entscheiden konnte. Ariane ist experimentierfreudig und liebt es, Neues auszuprobieren. Sie kocht nicht nur für die Familie, sondern gelegentlich auch für Hüttenlager und größere Gruppen. Sie ist stolz darauf, dass sich ihre Töchter auch schon fürs Kochen interessieren. Ariane hat es viel Spaß gemacht, zusammen mit ihrer Mutter und ihren Schwestern ein Kochbuch zu schreiben.

DANKE!

Ein aufregendes, spannendes und intensives Jahr geht nun zu Ende. Was für ein überwältigendes Gefühl, unser eigenes Kochbuch in unseren Küchenregalen stehen zu haben.

Voller Euphorie und Freude sind wir in dieses Abenteuer gestartet und hinter uns liegen viele Stunden voller Ideensammlungen, Treffen, Diskussionen, Meinungsverschiedenheiten, Probekochen, Planungen, Rezeptentwicklungen, Fotoshootings und Dekoideen. Diese anspruchsvolle, aber wunderschöne Zeit hat uns als Team noch mehr zusammengeschweißt.

Ohne die Unterstützung unserer **Familien** wäre all dies nicht möglich gewesen. Dafür danken wir euch von Herzen.

Ein großer Dank geht an unsere **Freunde,** die sich von Anfang an mit uns gefreut und uns in unserem Projekt bestärkt und motiviert haben. Vielen Dank fürs Probekochen, für eure Tipps und wertvollen Anregungen.

Besonders bedanken möchten wir uns bei **Ingrid Marmsoler** und **Isabel Weis,** die uns die Möglichkeit gegeben haben, dieses Kochbuch zu schreiben. Wir danken euch für euer Vertrauen, die gute Begleitung dieses Projektes und euer stets offenes Ohr bei Fragen oder Anliegen.

Zum Gelingen unseres Buches hat unser Fotograf **Manfred Pernthaler** einen großen Teil beigetragen. Lieber Manfred, wir danken dir von Herzen für die Zeit, die du in unser Projekt investiert hast. Für die Geduld und Ruhe, die du während unserer manchmal auch chaotischen Shootings aufgebracht hast. Wir danken dir, dass du unsere Gerichte durch deine Linse bestmöglich in Szene gesetzt hast. Du hast unsere Erwartungen bei Weitem übertroffen!

Ein herzlicher Dank für die Unterstützung geht auch an unsere **Sponsoren.**

DANKE allen, die zum Gelingen unseres Buches beigetragen haben.

KELLEREI | ST. PAULS

FAS DOSÉ
PRAECLARUS
BRUT
BLANC DE BLANCS
PRAECLARUS
METODO CLASSICO

Bibliografische Information der Deutschen Nationalbibliothek
Die Deutsche Nationalbibliothek verzeichnet diese Publikation in der Deutschen Nationalbibliografie; detaillierte bibliografische Daten sind im Internet abrufbar: http://dnb.d-nb.de

3. Auflage 2025

Weinbergweg 7
I-39100 Bozen
buchverlag@athesia.it

Lektorat: Kathrin Kötz, Auer
Fotos: Umschlag und Innenteil Manfred Pernthaler
Design & Layout: Athesia-Tappeiner Verlag
Bildbearbeitung: Typoplus, Frangart
Druck: Athesia Druck, Bozen
Papier: Innenteil und Vorsatz Magno Natural

Gesamtkatalog unter
www.athesia-tappeiner.com

ISBN 978-88-6839-735-7
ISBN 978-88-6839-779-1 (e-Book)

MIX
Papier | Fördert gute Waldnutzung
FSC® C010042

Dieses Buch wurde der Umwelt zuliebe nicht mit einer Schutzfolie eingeschweißt.

designed + produced IN SÜDTIROL